AF551821

Impressum

Lektorat: Theresia de Jong

Korrektorat: Regina Briese

Illustrationen: Celine Geser

Layout, Satz: Susanne Krause, add-arts.com

Covergestaltung: Andreas Reiberg

Einklang Verlag

ISBN: 978-3-946315-25-4

Einfach mit Herz

Ein kleiner Herzweiser

Martina Amato

Zetel

Inhaltsverzeichnis

An alle Leuchttürme,
die mein Herz berührt haben.
In Dankbarkeit und Liebe.

Vorwort

Es gibt eine Sprache, die wirklich wichtig ist und die es sich lohnt zu lernen: die Sprache des Herzens.

Siria

Schon viele Male in meinem Leben habe ich mein Herz entscheiden lassen. Es hat Mut gebraucht. Da war diese Stimme - du kennst sie bestimmt auch-, die meinte: „Das geht jetzt gar nicht. Das kannst du nicht machen.“ Oder: „Wenn du das machst, bekommst du Ärger!“ Und: „Was denken die Leute, wenn du dich nicht daran hältst?“ Oder: „Spinnst du? Du wirst das noch bereuen!“ Diese Stimme - dein Verstand - freut sich nicht wirklich darüber, wenn dein HERZ entscheidet.

Was genau hält uns im Leben davon ab, einfach unserem Herzen zu folgen? Oft ist es die Angst. Und Angst ist stets ein Mangel an Liebe.

Wie ich zu dieser Erkenntnis kam? Dank der Angst unserer Tochter. Ihre Angst spiegelte mir ungewollt meine eigenen unbewussten Ängste. Und da waren so einige, die sich im Laufe meines Lebens angesammelt hatten. Als sich dann ihre sowie meine Ängste mit der Zeit in Luft auflösten, erklärte mir unsere Tochter mit ruhiger Stimme: „Mama, die Angst ist nur im Kopf.“ Daraus folgerte ich: „Lebe ich im Herzen, habe ich keine Angst.“

Das Herz hat also keine Angst, es wird tun, wovon es weiß, dass es richtig ist. Die Art von Liebe, die aus dem offenen Herzen kommt, könnte man auch als die Abwesenheit von Angst beschreiben.

Im Herzen zu sein, ist unser natürlicher Zustand. Viele Menschen sind heute nicht mehr in ihrem Herzen. Sie werden über die Jahre in einen unnatürlichen Zustand manipuliert. Dabei vergessen sie mit der Zeit ihr Herz und lassen sich einzig vom Verstand leiten. Wir sprechen auch vom gebrochenen Herzen oder einem Herzen aus Stein. Dabei meinen wir nicht das physische, sondern vielmehr das energetische Herz, welches das Zentrum von allem ist.
Ich habe schon immer gerne geplant. Auch heute noch. Vom Leben geprägt, weiß ich inzwischen, dass es im Leben meist anders kommt, als geplant. Oscar Wilde drückte dies einmal mit folgenden Worten aus: „Wir müssen bereit sein, uns von dem Leben zu lösen, das wir geplant haben, damit wir das Leben finden, das auf uns wartet." Das Leben schreibt halt eigene Geschichten. Gerne erzähle ich dir meine. Es ist eine Herzensgeschichte. Der Autorität des Herzens kannst du immer vertrauen. Das Herz hat das größte elektromagnetische Feld im Körper. Und wenn das Herz offen ist, übernimmt es wieder die Führung. Manchmal befinden sich Menschen auf dem Holzweg, bevor sie sich für den Herzensweg entscheiden. Auch das sind wertvolle Lebenserfahrungen. Es braucht Mut für diesen Kurswechsel. Doch es lohnt sich. Abgetretene Pfade verlassen, Altbekanntes loslassen und zurückfinden in den lebendigen Fluss des Lebens.
Folgst du mutig deinem Herzen, entdeckst du auf einmal den Schatz in dir. Jeder trägt einen Schatz in sich. Oft vergessen wir ihn im Laufe des Lebens. Wir vergessen unser Herz. Verschließen es. Vertrauen ihm nicht mehr. Stattdessen folgen wir dem ängstlichen, kontrollbedürftigen Verstand. Und der hat uns viel zu sagen, wenn der Tag lang ist. Der Verstand möchte vor allem eines: Kontrolle haben. Er hat Angst. Er macht Angst. Er erzählt dir, welche Fehler du begehen könntest. Was alles an Furchtbarem im Leben passieren oder eintreten könnte. Mit der Betonung auf „könnte". Auch wenn es nicht passiert. Aber aus Angst, dass es passieren könnte, triffst du womöglich nicht den Herzentscheid, der dich frei und leicht leben lässt. Der Verstand möchte das Leben kontrollieren, es beeinflussen und sich sicher fühlen.

Obschon wir heute wissen, dass die Sicherheit, an der wir uns gerne festhalten wollen, stets eine vermeintliche ist. Denn was ist im Leben schon sicher? Das Herz hingegen möchte frei und lebendig einfach leben.

Wagst du es, dem Verstand zu trotzen und deinem Herzen zu folgen, beginnst du, dein eigenes wahres Potenzial zu leben.

Der Weg zu einem einfachen Leben voller Lebendigkeit und Freude führt immer übers Herz. Lerne deinen Herzimpulsen wieder zu vertrauen, sie sind Wegweiser und Schlüssel zugleich in deinem Leben. Schlüssel zu verschlossenen Türen, hinter welchen sich Unglaubliches verbirgt. Denn du bist der Schöpfer. Auch wenn dir der Verstand anderes erzählt.

„Geh, wohin dein Herz dich trägt." Eine Einladung, der es sich lohnt zu folgen. Öffne dein Herz für die Lebendigkeit in dir. Jeder, der im Herzen lebt, hat seinen Platz gefunden und ist frei. Die Zeit ist reif, sich auf die abenteuerliche Reise zurück ins Herz einzulassen. Lebst du wieder aus der Tiefe deines Herzens, wirst du zum Leuchtturm für andere Menschen. Wir brauchen sie heute mehr denn je zuvor: diese Leuchttürme. Folge daher mutig deinem Herzen und werde auch einer.

Herzlich
Martina

Intuition - die Stimme des Herzens

Alles, was wirklich zählt, ist Intuition.

Albert Einstein

Die Stimme des Herzens wird von manchen auch Bauchgefühl, Geistesblitz oder Intuition genannt. Dabei geht es um diesen unerklärlichen Herzimpuls, dieses unbestimmte Gefühl oder innere Wissen, welches nicht aus dem Verstand kommt. Also diese oft plötzliche Einsicht oder Eingebung, die aus dem Nichts zu kommen scheint. Manche sagen: „Oh, jetzt hab‘ ich eine tolle Idee!“ Oder ihnen kommt ein Bild, ein Gedanke oder ein Gefühl. Du erhältst direkten Zugriff auf Wissen, welches jenseits deines Verstandes liegt. Im Einklang mit dem Herzen weißt du, was du wissen möchtest. In der Tiefe des Herzens liegt die unendliche Weisheit. Die Stimme des Herzens meldet sich unverzüglich. Wartest du auf eine Antwort länger, stammt sie aus einer anderen Quelle. Wir alle können lernen, dieser Stimme des Herzens, unserer Intuition, zu folgen. Nur Wenige nehmen sie wahr und

noch Weniger trauen sich, ihr zu folgen. Du wurdest vielleicht eher so erzogen, dass Entscheidungen rational, mit dem Verstand und einer ganz bestimmten Absicht getroffen werden müssen. Unzählig und grenzenlos sind die Kanäle unserer Herzensstimme. Ob Inspirationen, Träume, Visionen, Synchronizitäten, Gesten und Worte von Menschen.
Jeder nimmt seine Intuition, seine Herzimpulse, ein wenig anders wahr. Während die einen im Traum Eingebungen bekommen, haben andere tagsüber wie durch einen Geistesblitz auf einmal eine Idee. Wieder andere spüren im Körper, dass, aus welchem Grund auch immer, sie etwas machen oder eben lassen sollten. Jemand nimmt beispielsweise einfach einen späteren Zug als geplant. Nachträglich stellt sich heraus, dass dieser wichtige Anruf, der diese Person zu Hause dann noch erreichte, sein bzw. ihr Leben einschneidend verändert hat.

Wie nimmst du deine Intuition wahr?

Erinnerst du dich an Situationen, in welchen du dieser Herzensstimme gefolgt bist?

Was ist passiert?

Wie höre ich auf mein Herz?

Nur aus dem Herzen kannst du

den Himmel berühren.

Rumi

Vielleicht fragst du dich, wie das denn konkret funktioniert, wenn du auf dein Herz hören möchtest? Vielleicht hast du manchmal das Gefühl, gar nicht zu hören, was dir dein Herz sagen möchte?

Das kann gut sein. Oft hören wir die Herzensstimme nicht oder nicht mehr. Zu laut ist unser Leben geworden. Zu hektisch. Zu unruhig. Das Kleinkind, noch wenig vom Leben geprägt, folgt oft einfach seinem Herzensimpuls. Dabei wird es nicht selten gestoppt. Von den Eltern vielleicht. Später in der Schule. Und im Laufe des Lebens durch unsere unachtsame, leistungsorientierte Gesellschaft. Als Kind übernimmst du viele nicht immer dienliche Glaubensmuster. Es kann passieren, dass du dadurch während des Lebens auf einmal nicht mehr weißt, was du und dein Herz wirklich wollen.

Womöglich wurdest du ein Leben lang dahingehend geprägt, dich so zu geben, wie du denkst, dass andere dich haben wollen. Zu lange hast du dich angepasst. Zu lange nicht auf dein Herz gehört. Erfuhrst du dein bisheriges Leben lang Prägungen, die dich dazu bringen, dich so zu geben, wie du denkst, dass andere dich haben wollen, wird es schwierig, dich auf einmal so zu geben, wie du eben wirklich bist. Die Maske ablegen und wieder deinem Herzen folgen, braucht dann besonders viel Mut. Dein Herz wünscht sich aber, dass du authentisch du selbst sein darfst. Der Spruch „Sei du selbst, alle anderen gibt es schon" drückt wunderbar aus, dass jeder von uns einzigartig ist. Niemanden gibt es zwei Mal auf dieser Welt. Deshalb sei du selbst. Es braucht dich, genau dich - so wie du bist. Du bist hier, um du selbst zu sein. Wenn du deinem Herzen folgst und deinen Weg gehst, kannst du nichts falsch machen. Wenn du versuchst, einen Weg zu gehen, weil andere wollen, dass du ihn gehst, hast du bereits einen Fehler gemacht.

In die Stille gehen

Zum Herzen führen keine lauten Straßen,
sondern nur stille Wege.

Unbekannt

Dein Verstand trickst dich gerne aus. Du musst den ruhigen, friedlichen Ort hinter deinem Verstand finden. Von dort aus kannst du dein Leben ganz einfach meistern. Unser Herzraum bildet eine Art Sternentor. Hier sind wir verbunden mit allem, was ist. Die Stimme des Herzens urteilt nicht. Sie ist unbestechlich und klar. Ihre Botschaften erkennst du augenblicklich, die Stimmigkeit der Information liegt jenseits von Raum und Zeit.

Um deine Herzensstimme zu hören, hilft es, immer wieder in die Stille zu gehen. Vielleicht machst du hierfür einen Spaziergang in der Natur. Vielleicht liest du lieber ein Buch oder hörst Musik. Oder du malst oder schreibst. Jeder entspannt sich auf unterschiedliche Weise. Wenn du nicht weißt, in welche Richtung du gehen sollst, setze dich hin und mache eine Pause. Die richtige Richtung spricht vielleicht zu dir, wenn du still bist.

Wie entspannst du dich?

Was tut dir gut?

Bewusste Atmung

Wie du atmest, so lebst du.

Andreas Tenzer

Hast du auch schon bemerkt, dass, wenn du tief durchatmest und innerlich ruhig wirst, deine Gedanken nachlassen? Viele Menschen klagen über das Gedankenkarussell in ihrem Kopf. Sie wissen nicht, wie sie die vielen Gedanken abstellen können. Ununterbrochen plappert der Verstand. Viele unserer Gedanken beschäftigen sich mit dem, was bereits hinter uns liegt oder mit dem, was noch nicht geschehen ist und vielleicht nie geschehen wird. Während deine Gedanken in die Vergangenheit oder in die Zukunft wandern, spürst du dich vor lauter Sorgen und Gedanken selbst nicht mehr. Schon gar nicht hörst du, was dein Herz dir sagen möchte. Atme immer mal wieder tief durch. Das hilft bereits. Denn: Du kannst nicht bewusst tief atmen und gleichzeitig denken. Achtsames Atmen unterbricht den Strom deiner Gedanken. Du kehrst zu dir selbst nach Hause zurück.

Bewusste Atemübung

Setze dich an einen ruhigen Ort und nimm dir eine viertel Stunde Zeit, bewusst zu atmen.

Du atmest ein und bist dir deines Einatmens bewusst.
Du atmest aus und bist dir deines Ausatmens bewusst.
Wiederhole nun das bewusste Ein- und Ausatmen,
solange dir wohl ist.

Was dir dein Körper sagt

Das Herz spricht durch deinen Körper.

Martina Amato

Wenn du einem Herzimpuls folgst, spürst du das in deinem Körper. Er entspannt sich. Dir ist wohl. Freude kommt auf. Innere Ruhe. Du fühlst dich freier und leichter. Wenn du einem Herzimpuls - aus welchem Grund auch immer - nicht folgst, spürst du das ebenfalls im Körper. Er spannt sich an. Dir ist unwohl. Dein Verstand versucht, dich zu beruhigen und die Entscheidung zu rechtfertigen. Dennoch bist du innerlich unruhig und fühlst dich schwerer und nicht unbedingt freudig. Dein Verstand spricht weiter und redet dir gut zu, weshalb es eben wichtig war, so zu entscheiden. Er sagt zum Beispiel: „Du kannst diese Stelle nicht einfach aufgeben, auch wenn du erschöpft bist. Zuerst musst du eine neue Anstellung finden." Oder: „Vielleicht wird die Arbeitsbelastung ja doch bald weniger." Oder: „Das ist halt so. Arbeit macht nicht unbedingt Spaß und anderen geht es ja genauso. Sei daher dankbar, dass du wenigstens eine Stelle hast." „Ok", gibst du irgendwann klein bei. Dein Herz ist traurig. Erfreulich ist aber: Dein Herz ist gleichzeitig geduldig. Es gibt dir täglich neue Chancen und Möglichkeiten, ihm zu folgen. Neue kleine Impulse, die dich einladen, dein Herz wieder zu öffnen und ihm mutig zu vertrauen. Denn dein Herz kennt den Weg. Sei achtsam und du wirst den Herzensruf wahrnehmen.

Wie merkst du in deinem Körper, dass du nicht auf deine Herzensstimme gehört hast?

Herzenswünsche

Welch eine himmlische Empfindung ist es,
seinem Herzen zu folgen.

Johann Wolfgang von Goethe

Herzenswünsche sind Wünsche, die aus der Tiefe deines Herzens kommen. Herzenswünsche sind keine egoistischen Wünsche, die nach mehr verlangen und nie zufrieden sind mit dem, was sie schon haben. Herzenswünsche suchen weder die kurzfristige Befriedigung noch geht es ihnen um Lust oder Macht. Herzenswünsche haben nichts mit Gier, Habsucht oder Erfolgswahn zu tun. Es geht nicht um Mangel. Es kann immer wieder passieren, dass wir in eine Opferhaltung verfallen und den Eindruck haben: „Meine Wünsche werden nicht erfüllt. Dieser hat mehr als ich. Jenem geht es besser als mir. Er hat eine erfüllte Partnerschaft. Sie ein schönes Haus.

Und er ist erfolgreich im Beruf und finanziell auf Lorbeeren gebettet.“
Aus dieser Perspektive betrachtet, ist es einfach, aus deiner Selbstverantwortung auszusteigen, andere für dein Wohl verantwortlich zu machen und Mitleid auf dich zu ziehen. Mit dieser Perspektive wird es schwierig, im Herzen Freude zu spüren. Denn stets fehlt dir etwas, um glücklich zu sein. Der perfekte Partner, der Traumjob oder das Traumhaus. Herzenswünsche machen frei und nicht abhängig. Du selbst darfst die Verantwortung für dein Leben jetzt in die Hand nehmen. Das bedingt, dass du annimmst, was ist. Das bedingt, dass du Gefühle nicht unterdrückst und dich so liebst, wie du bist. Das ist einfacher geschrieben als getan, denkst du jetzt vielleicht. Aber die gute Nachricht ist: Du kannst jeden Tag damit beginnen, deine Lebenssituation und deine Gefühle anzunehmen und beginnen, dich wieder selbst zu lieben.
Jede Situation in deinem Leben ist wie ein Raum mit vielen Türen. Nur das Herz kann die Türschilder wirklich lesen und weiß, welches für dich die richtige Tür ist.

Wofür schlägt dein Herz?

Geh, wohin dein Herz dich trägt.

Susanna Tamaro

Oft höre ich: „Wenn ich nur wüsste, was ich im Leben wirklich möchte!" Für deinen Verstand ist es nicht immer klar, welches die richtige Richtung ist, aber für dein Herz ist es klar. Dein Herz schaut viel weiter und tiefer als dein Verstand. Begeisterung und Freude sind gute Wegweiser im Leben. Das Leben ist nicht so schwierig, wie du denkst. Es ist schwierig, weil du manchmal zu viel denkst. Dort, wo du im Alltag Begeisterung und Freude verspürst, diesem Weg folge. Dein Herz öffnet sich. Du verspürst Energie. Das heißt nicht, dass Herzenswege immer einfach zu gehen sind. Oft sind

Herzenswege unkonventionelle Wege. Manchmal schlägt dein Herz für etwas, das aus der Perspektive des Verstandes oder der „Norm“ vielleicht auf den ersten Blick seltsam erscheint. Auch wenn es im ersten Moment Überwindung kosten mag, probiere deine Idee, die dich begeistert, mutig aus. Meistens bereuen wir Menschen im Leben nicht die Dinge, die wir getan haben, sondern viel mehr die Dinge, die wir vielleicht aus Angst, Fehler zu machen oder aus anderen Gründen nicht getan haben. Sei mutig und lebe einfach. Einfach leben bedeutet, das Leben so zu leben, wie es sich zeigt. Versuche nicht, etwas in deinem Verstand zu konstruieren, von dem du meinst, so sollte das Leben sein, um dann zu versuchen, in alles hineinzupassen. Nur weil das „die meisten“ noch so machen. Gehe deinen eigenen Weg. Gehe in die Stille und finde heraus, wofür dein Herz wirklich schlägt. Dabei kann es dir helfen, dich hinzusetzen und aufzuschreiben, was dir schon immer Freude bereitet hat oder du schon lange einmal machen wolltest. Beim einen ist es die Natur, die das Herz erfreut, beim anderen der Sport und wieder ein anderer begeistert sich für die Musik.

Jeder von uns ist einzigartig. Daher hat auch jeder unterschiedliche Leidenschaften. Das macht das Leben erst wirklich spannend und abwechslungsreich. Stell dir vor, wie langweilig es wäre, wenn jeder die gleichen Herzenswünsche hätte!

Was sind deine Herzenswünsche?

Was lässt dein Herz höher schlagen?

Eigenschaften des Herzweges

Wenn du tanzt, dann tanze zur Musik des Herzens.

Unbekannt

Um auf dein Herz zu hören, ist nicht die Verbindung zu deiner Umgebung oder die Verbindung zur Erde am wichtigsten. Am wichtigsten ist die Verbindung zu dir selbst. Diese Verbindung eröffnet dir alle Richtungen. Diese Verbindung zum Herzen ist eine Ausdrucksform der schöpferischen Quelle. Sie lässt dich über dich hinauswachsen. Die Botschaften der Stimme des Herzens achten das Lebendige, Entfaltung und Wachstum. Deine Seele möchte nichts anderes, als sich zu entfalten. Es ist ein Tor zu deinem unermesslichen Schöpferpotenzial. Im Laufe des Lebens verlieren wir manchmal diese Verbindung zu uns selbst. Wir wissen nicht mehr, wer wir sind und was wir wollen. Oft spricht man dann von einer Lebens- oder Sinnkrise. Man hat zwar gelebt, ist jedoch nicht seinen Herzenswünschen gefolgt.

Das kann sehr traurig stimmen. Man hat sich verirrt und weiß nicht, wie es weitergehen soll. Es ist nie zu spät, eine Richtungsänderung vorzunehmen. Du kannst immer damit anfangen. Beginne genau JETZT, falls dir danach ist. Nimm dir nicht zu viel vor. Gehe Schritt für Schritt. Sei geduldig und liebevoll zu dir. Mutig, loslassend - einfach dem nächsten Herzimpuls folgend. Und wenn der Verstand dich austricksen möchte, frage dein Herz, was du jetzt wirklich brauchst. Vertraue ihm. Folgende Eigenschaften können dich auf deinem Herzensweg unterstützen: Mut, Akzeptanz, Vergebung, Loslassen, Vertrauen und Selbstliebe.

Mut

Mut ist nicht Freisein von Angst, sondern ihre Überwindung.

Sprichwort

Was heißt Mut? Mutig sein? Ein Synonym für Mut ist Wagemut oder auch BeHERZtheit. Wenn du mutig bist, traust du dich, im Leben etwas zu wagen. Du traust dich, dich in eine mit Unsicherheit verbundene Situation zu begeben. Du kündigst zum Beispiel deine Stelle, weil du dich am Arbeitsplatz nicht mehr wohlfühlst, obschon du noch keine neue Anstellung hast. Das braucht oft eine Portion Mut. Oder du verlässt deinen Partner / deine Partnerin, weil du in dieser Verbindung nicht du selbst sein kannst. Dies, obschon du nicht weißt, wie es nun weitergehen soll, wie er oder sie reagiert und ob du für längere Zeit alleine bleiben wirst. Der kontroll- und sicherheitsbedürftige Verstand will dich von solchen Aktionen immer abhalten. Er hat und macht dir Angst. Doch mal ehrlich: Könntest du nicht ebenso gut die Stelle verlieren oder der Partner dich verlassen? Was ist schon sicher im Leben? Der Verstand meint zu wissen, was als Nächstes passieren wird. Dabei handelt es sich stets um Vorstellungen, die nicht der Realität entsprechen müssen. Wenn du dem Herzen, deiner Intuition und inneren Stimme folgst, ist vieles möglich. Der Verstand ist begrenzt, dein Herz nicht. Nicht jeder Weg ist jedoch einfach zu gehen. Manche Wege erzeugen Angst. Da brauchst du Mut. Insbesondere, wenn du es gewohnt bist, alles kontrollieren zu wollen. Dann kann es zu Beginn schwerfallen, die Kontrolle abzugeben. Es braucht Überwindung. Sei dir bewusst: Auch wenn du die Kontrolle nicht abgibst, du kannst das Leben nicht wirklich kontrollieren. Dein Verstand meint nur, es zu können. Wer sich schon einmal in einer Lebenskrise befunden hat, in welcher es um Leben und Tod ging, hat diese Erfahrung in extremer Form machen dürfen. In solchen Extremsituationen wird oft der unbewusste Kontrollzwang, der dich im Leben von vielem abhalten möchte, sichtbar gemacht. Das ist ein wertvolles Geschenk. Sei immer wieder frech und mutig und folge „frechmutig“ deinem Herzen. Wage den Sprung ins Abenteuer Leben!

In welchen Situationen brauchst du Mut?

Was kostet dich und deinen Verstand Überwindung?

Wo möchtest du noch über deinen Schatten springen?

Akzeptanz

Nimm an, was du nicht ändern kannst.

Martina Amato

Wenn es dir gelingt, dich und deine Lebenssituation, so wie sie ist und sich gerade zeigt, anzunehmen, kannst du frei und authentisch sein. Im Herzen kannst du erkennen, dass alles, was du brauchst, auch in herausfordernden Lebenssituationen immer zur Verfügung steht. Akzeptanz ist nicht mit Passivität oder einer Opferhaltung zu verwechseln. Das Gegenteil ist der Fall. Wenn du bereit bist, anzunehmen, was gerade ist, statt in Widerstand zu gehen, übernimmst du Verantwortung für dich selber. Dem Herzen folgen heißt nicht, dass wir ein Leben ohne Schwierigkeiten führen. Schwierige Zeiten sind rückblickend meist ein Geschenk. Ein Geschenk, das in unschöner Verpackung daherkommt. Schwierige Zeiten lassen uns innehalten und nicht selten veranlassen sie uns, unser Leben zu überdenken. Und vielleicht einen Kurswechsel einzuschlagen.

Was möchtest du in deinem Leben
in Liebe annehmen?

Vergebung

Sei gut zu dir und vergib den anderen.

Buddhistische Weisheit

Möchtest du deinem Herzen folgen und dich frei fühlen, führt der lichtvolle Weg immer über die Vergebung. Trägst du noch irgendwelche alten Verletzungen mit dir herum, Gefühle der Enttäuschung, des Ärgers oder der Wut? Dir oder anderen Menschen gegenüber? Dann lasse sie in Liebe los. Verzeihe. Aus der Vergebung entsteht eine Kraft der inneren Veränderung. Sie befreit und öffnet das Herz für den weiteren Lebensweg. Die Reise wird dadurch leichter. Trage nicht unnötiges Reisegepäck mit dir. Richte deine Aufmerksamkeit nicht auf eine bestimmte Person, mit der du dich einmal zerstritten hast oder auf ein vergangenes Problem. Damit stärkst du dies nur mit Energie. Es ist sinnvoll, dich auf das Positive zu konzentrieren und Frieden zu schließen mit der Vergangenheit. So nutzt du die Gelegenheit, leichten Herzens weitergehen zu können.

Wem möchtest du vergeben?

Mit welchem Menschen oder mit welcher Situation möchtest du gerne Frieden schließen?

Loslassen

Hänge dein Herz nicht an Dinge.

Volksweisheit

Festhalten, zuhalten, hinhalten oder aushalten. Loslassen, zulassen, geschehen lassen oder einfach sein lassen. Was fühlt sich für dich stimmiger an? Das Halten oder das Lassen?

Das Halten fühlt sich wie ein Kraftakt an. Sobald das Lassen passieren darf, entspannst du dich. Dein Herz öffnet sich. Halten braucht Kraft und Energie. Lassen vielmehr Mut. Mut, weil wir - vom Leben geprägt - eher gewohnt sind, etwas fest- oder auszuhalten, statt vertrauensvoll loszulassen.

Wenn du deinem Herzen folgst, nimmst du nicht nur an. Du lässt auch viel los. Du löst dich von materiellen Dingen sowie von belastenden Emotionen wie Angst oder Wut.

Gewohnheiten loslassen. Menschen, die du liebhast, weiterziehen lassen, weil die Zeit dafür reif ist. Einen Job sein lassen, weil er nicht zu dir passt und sich im Herzen unstimmig anfühlt. Unvorhergesehenes zulassen und es einfach geschehen lassen.

Wenn es dir gelingt, negative Gedanken, überholte Muster sowie hinderliche Prägungen loszulassen, entsteht Raum für Neues. Lass daher immer mal wieder Altbekanntes in Liebe los und öffne dich für das Neue, das sich zeigen möchte. Du wirst staunen!

Was in deinem Leben möchtest du loslassen, damit du leichten Herzens weitergehen kannst?

Welche Gefühle, Situationen, Menschen, materiellen Dinge?

Vertrauen

Vertrauen ist eine Oase des Herzens,
die von der Karawane des Denkens nie erreicht wird.

Khalil Gibran

Wo Angst ist, lass Vertrauen hineinströmen. Angst engt ein. Vertrauen macht frei und schafft ein erweitertes Blickfeld. Es öffnet das Herz. Lernst du dir und dem Leben wieder zu vertrauen, kannst du auf einmal neue Wege gehen - Herzenswege. Gehst du deinen Weg in Vertrauen und Zuversicht, wirst du dich nicht sorgen, wenn der Weg eine Kurve macht. Wie dein Leben verläuft, hängt von dir ab, nicht umgekehrt. Du entscheidest, ob du in Angst oder im Vertrauen leben möchtest. Wähle Vertrauen, es lohnt sich. Und hast du Angst, sorge dich nicht. Oft fürchten wir uns vor den eigenen Ängsten. Schau sie an, die Angst. Wovor hast du Angst? Was will sie dir sagen? Angst, eine irrationale, kaum fassbare Energie: Versagensangst, Angst, nicht gemocht oder Angst, ausgelacht zu werden, Angst vor Höhe, Feuer oder Schlangen. Jeder hat irgendwann einmal Angst. Angst blockiert, sie lähmt und hindert uns, unserem Herzen zu folgen. Angst ist gleichzeitig eine wunderbare Lehrerin. Du kannst so viel von ihr lernen, wenn du sie anschaust und nicht verdrängst. Und vergiss nie: Wo Angst ist, will noch mehr Vertrauen erwachen!

Wovor hast du Angst? Was genau macht dir Angst?

Wo, bzw. in welchen Situationen möchtest du dich noch mehr in Vertrauen üben?

Selbstliebe

Eigenliebe ist der Beginn einer
lebenslangen Leidenschaft.

Oscar Wilde

Wenn du dich nicht liebhast, wie kannst du andere Menschen und das Leben wirklich lieben? Alles beginnt immer zuerst bei dir. Hör auf zu warten, dass die anderen sich ändern. Wenn du etwas im Leben verändern möchtest, beginne bei dir selbst. Es gibt dieses wunderbar passende arabische Sprichwort dazu:

Willst Du Dein Land verändern,
verändere Deine Stadt.

Willst Du Deine Stadt verändern,
verändere Deine Straße.

Willst Du Deine Straße verändern,
verändere Dein Haus.

Willst Du Dein Haus verändern,
verändere Dich selbst.

Wenn sich also in deinem Leben etwas verändern soll, musst du selbst die Veränderung sein. Glaube an Wunder. Und beginne, dich (wieder) selbst zu lieben. Wenn du dich selbst liebst, öffnet sich dein Herz. Du begegnest dann auch deinem Gegenüber und dem Leben mit Liebe und offenem Herzen. Du kannst lernen, dich mit allen Facetten zu akzeptieren. Mit deinen Stärken, aber auch mit deinen Schwächen. Deine Schwäche annehmen und lieben zu können, ist wiederum eine Stärke. Du kannst noch so lange im Außen nach Liebe und Frieden suchen, du wirst sie nicht finden. Und wenn, dann ist sie vergänglich. Suche die Liebe und den Frieden in dir selber. Nur mit liebevollem Herzen fängst du an, das Leben und seinen Sinn zu begreifen. Ohne die Liebe zu kennen, würde dein Herz nicht einen einzigen Schlag tun. Höre deinem Herzen zu. Jeder Schlag möchte dich an die Liebe erinnern. Wie oft fühlen wir uns ungeliebt oder nicht angenommen. Beginne, dich selbst zu lieben und anzunehmen und du wirst dich frei und geliebt fühlen.

Was magst/was liebst du an dir?

Welche Stärken hast du?

Welche Schwächen möchtest du versuchen, in Liebe anzunehmen?

Die Kraft der Dankbarkeit

Die Dankbarkeit bewahrt die Freude in unseren Herzen.

Sundari

Das Gefühl der Dankbarkeit ist keiner Logik unterworfen. Genauso ist es mit dem Herzen. Was deinem Herzen guttut, ist keiner Logik unterworfen. Über die Dankbarkeit ist schon so manches Buch geschrieben worden. Vielen bekannt ist das Buch „The Magic" von Rhonda Byrne. Darin erzählt sie, wie sich ihr Leben in nur 28 Tagen dank der Kraft der Dankbarkeit verändert hat. Sie schreibt: „Dankbarkeit wird durch ein universales Gesetz wirksam, das dein ganzes Leben bestimmt. Nach dem Gesetz der Anziehung, das für die gesamte Energie im Universum gilt, von der Bildung eines Atoms bis zur Bewegung der Planeten, zieht ‚Gleiches Gleiches' an. Das Gesetz der Anziehung wirkt auch auf deine Gedanken und Gefühle ein. Was immer du denkst, was immer du fühlst, das ziehst du auch an." Jeder Akt der Dankbarkeit löst eine Reaktion aus, bei der du Dankbarkeit empfängst. Je aufrichtiger und tiefer deine eigenen Gefühle der Dankbarkeit sind, je mehr Dankbarkeit du also gibst, desto mehr Dankbarkeit wird dir von anderen zuteil. Rhonda erzählt in „The Magic" nicht nur ihre Geschichte und wie Dankbarkeit ihr Leben verändert hat, sondern teilt auch zahlreiche Beispiele von anderen Menschen, die mit Dankbarkeit einen Neuanfang gestartet haben.

Es ist so einfach - und hat gleichzeitig eine unglaublich kraftvolle Wirkung: bewusst dankbar zu sein für alles, was dir an Gutem widerfährt. Ein Dankbarkeitstagebuch ist eine wunderbare Möglichkeit, um bewusst täglich kurz innezuhalten und zu überlegen, für was du heute alles danken möchtest.

Besonders in schwierigen und belastenden Situationen, also wenn im Leben nicht alles rund läuft, kann es eine Herausforderung sein, Dankbarkeit zu empfinden. Wie kann ich denn dankbar sein, wenn ich im Moment arbeitslos bin? Oder meine Beziehung gerade in die Brüche ging. Ich krank bin oder meine liebe Freundin verstorben ist. Oder, oder, oder. Man findet immer Gründe, nicht dankbar sein zu können, wenn man will. Es gibt immer wieder Menschen, die eine Haltung der Distanz zu ihrem „Problem" einnehmen und überzeugt sind: Von außen betrachtet geht es mir recht gut. Bestimmt kennst du auch Menschen, die von Schicksalsschlägen wie Krankheit, Trennung, Verlust oder Tod betroffen sind und nichtsdestotrotz eine positive Energie ausstrahlen, tröstend auf andere wirken und dankbar durchs Leben gehen. „Wie ist dies möglich?", fragst du dich. Dankbarkeit ist mehr als ein Gefühl. Dankbarkeit ist eine Haltung, die jeder lernen kann. Der englische Philosoph Francis Bacon bringt es wunderbar auf den Punkt: „Nicht die Glücklichen sind dankbar. Es sind die Dankbaren, die glücklich sind." Das Gefühl der Dankbarkeit macht also glücklich! Tatsächlich beweisen neuere wissenschaftliche Arbeiten, dass Menschen, die dankbar sind, sich subjektiv besser fühlen. Dankbare Menschen sind im Durchschnitt glücklicher, leiden weniger unter depressiven Verstimmungen oder Stress, sind zufriedener mit ihrem Leben und ihren sozialen Beziehungen. Und dankbare Menschen schlafen besser.

Es gibt Menschen, die haben es trotz so mancher Schicksalsschläge geschafft, dem Leben stets wieder das Positive abzugewinnen und dankbar zu sein. Einer dieser Menschen ist für mich die australische Schriftstellerin Bronnie Ware. In ihrem Buch „Die 5 Dinge, die wir von unserer Krankheit lernen können - Mein Weg zum inneren Erblühen" beschreibt die Bestsellerautorin auf wunderbare Weise, was sie durch ihre schmerzhafte Autoimmunerkrankung hat lernen dürfen. Wer sich mit einer Krise oder einer Krankheit konfrontiert sieht, findet in ihrem Buch zweifelsohne einen ermutigenden Leitfaden, der auch ihr selbst geholfen hat.

Es gibt Menschen, die sagen: Es ist bloß eine Frage der Perspektive, wie ich mit einer Lebenssituation umgehen möchte. So ist bei einigen Menschen das Glas immer halb leer, während bei anderen dasselbe Glas halb voll ist.

Es gibt viele Gründe, dankbar zu sein. Ein Lächeln von Herzen; ein guter Rat; ein Dach über dem Kopf; von liebevollen Menschen umgeben zu sein; tröstende Worte in schwierigen Zeiten; ein Spaziergang in der Natur; helfende Hände; Liebe empfinden zu können; Zeit zu haben, ein gutes Buch zu lesen; offene Ohren; gesund zu sein; die Freiheit zu tun, wozu man Lust hat; wertvolle Begegnungen, mit welchen man nicht gerechnet hat und vieles mehr.

Wofür bist du dankbar? Wenn du dir Zeit nimmst, darüber nachzudenken, wirst du bestimmt staunen, wie viele Dinge es gibt, für die du dankbar bist.

„Wir sind für nichts so dankbar wie für die Dankbarkeit", meinte dazu die österreichische Novellistin Marie von Ebner-Eschenbach.

Dankbarkeit öffnet das Herz weit. Bedenke dies. Wenn du glücklich sein möchtest.

Wofür bist du dankbar?

Die Kraft der Gegenwart

Das Gestern ist fort, das Morgen nicht da,
lebe also heute.

Pythagoras

Wir leben nicht gestern, wir leben nicht morgen. Wir leben JETZT. Viele Menschen verpassen den gegenwärtigen Augenblick, weil sie sich um die Zukunft sorgen oder über die Vergangenheit beschweren. Das ist Energieverschwendung.

Es scheint so simpel zu sein und dennoch nicht einfach. Zu lange sind die meisten schon einer Gewohnheit verfallen, die ihnen normal erscheint: Mit dem Verstand irgendwo und überall zu sein, einfach nicht im jetzigen Augenblick. Er sorgt sich um das Morgen oder ärgert sich noch immer über das gestern Vorgefallene. Unsere Tochter meinte dazu einmal ganz nebenbei: „Du machst dir einfach zu viele Sorgen. Gewöhne dir das ab.“ Wenn das so einfach wäre! Eine Gewohnheit, die - wenn man dies auch möchte - einer Entwöhnung bedarf. Die meisten sind sich dessen jedoch nicht einmal bewusst. Dass sie bzw. ihr Verstand ständig woanders weilen. Der Verstand will einordnen, vergleichen oder bewerten. In Wirklichkeit sind wohl neunzig Prozent der Gedanken der meisten Menschen nicht nur nutzlos und repetitiv, sondern verrückt und negativ, sodass sie geradezu schädlich wirken können. Falls du Lust hast, beginne ihn - den Herrn Verstand - einfach einmal zu beobachten. Werde dir darüber bewusst, was er oft ununterbrochen zu kommentieren hat. Damit vergeudet der Mensch sinnlos seine Lebensenergie und verpasst auch noch den wertvollen gegenwärtigen Augenblick. Diese Art des zwanghaften Denkens kann zur Sucht werden.

Mach dir daher nicht zu viele Gedanken und lebe einfach. Lebst du mehr im Herzen als im Verstand, dann bist du automatisch viel mehr im Hier und Jetzt statt irgendwo. Dehnst du den Raum deines Herzens aus, finden alle Universen darin Platz. Der Herzraum bildet ein besonderes Energiefeld, auf dieser Ebene fällt es uns leicht, unsere Multidimensionalität zu erfahren. Stille kommt auf. Ruhe, Freude, Frieden. Folge daher deinem Herzen und lebe einfach. Jetzt.

Was hilft dir, fokussiert im Augenblick zu sein?

Die Kraft des Lachens

Jeder Tag, an dem du nicht lächelst,
ist ein verlorener Tag.

Charlie Chaplin

Manchmal lacht der Mensch, obschon er traurig ist. Die Mundwinkel schauen zwar nach oben, aber das Herz weint. Feinfühlige Menschen nehmen wahr, wenn jemand nicht von Herzen lacht. Das Lachen, das wirklich von Herzen kommt, hat unglaubliche Kraft. Es wirkt heilend.

Der Mensch lacht täglich über vieles. Über komische Situationen, vor Freude, über einen amüsanten Witz, über Ungeschicklichkeiten anderer oder einfach über sich selbst. Worüber hast du heute schon gelacht? Oder ist dir nicht gerade zum Lachen zumute? Ein indisches Sprichwort besagt: „Das Lächeln, das Du aussendest, kehrt zu Dir zurück." Ein japanisches Sprichwort formuliert mit folgenden Worten Ähnliches: „Das Glück kommt zu de-

nen, die lachen."
Lachen ist gesund, das beweisen viele Studien. Lachen hat eine positive Wirkung auf deine körperliche sowie psychische Gesundheit. Je länger und öfter du lachst, desto wirksamer sind diese Effekte. Die noch junge Wissenschaft der Lachforschung, die sich mit den Wirkungen des Lachens auf die menschliche Befindlichkeit befasst, nennt sich Gelotologie - aus dem Griechischen „gelos", das Lachen.
Oft genannte Wirkungen des Lachens sind:

Lachen stärkt die Funktion der Lungen
Lachen regt die Durchblutung an
Lachen fördert die Verbrennung von Cholesterin
Lachen stärkt das Immunsystem und steigert die Abwehrkräfte
Lachen hat eine beruhigende Wirkung
Lachen wirkt gegen Stress und Schmerzen

Heilungsprozesse im Körper können gefördert werden. Das Gehirn stoppt beim Lachen die Produktion von Stresshormonen wie Adrenalin und Kortison. Daher lassen Stress und Anspannung beim Lachen nach. Zusätzlich wird die Ausschüttung von Serotonin, auch Glückshormon genannt, verstärkt. Wer lacht, fühlt sich besser. So erstaunt nicht, dass Lachen und Erheiterung auch gezielt als Therapieform genutzt wird und sich bewährt hat. Spitalclowns sind heute vielerorts im Einsatz.
Lachen wirkt sich also positiv auf deine Gesundheit aus. Lachen verbindet, macht glücklich, kann Herzen erwärmen, Türen öffnen, anstecken und befreien.
Ob Lachen eigentlich erlernbar oder eher genetisch vererbt ist? Belegt ist, dass die Fähigkeit zum Lachen angeboren ist. Jeder kann lachen. Kinder lachen viel häufiger als Erwachsene. Manchmal scheint es, als sei vielen Menschen im Verlaufe des Lebens das Lachen vergangen. Solltest du dich in einer Lebenssituation befinden, die herausfordernd ist und dir nicht zum

Lachen zumute ist, versuche es dennoch. Lachen lässt sich üben. Jeder trägt sie in sich: die Kraft des Lachens. Welch ein Glück! Du kannst heute damit beginnen, dem Leben zuzulachen. Und: Übung macht bekanntlich den Meister. Folgst du deinem Herzen, wirst du auch von Herzen lachen können. Dein Herz fühlt sich leichter und freier an. Du wirst sehen, dein Lachen steckt andere an!

Kleine Übung

für diejenigen, die Lust dazu haben: Achte einmal darauf, wie viel du am Tag lachst!

Die Kraft des Glaubens und der Zuversicht

Wer zuversichtlich ist, dem wachsen Flügel.

James Matthew Barrie

Zuversicht verleiht Flügel und der Glaube kann bekanntlich Berge versetzen.

So haben der Glaube und die Zuversicht etwas gemeinsam: Sie machen offensichtlich Unmögliches möglich. Man muss nur zuversichtlich sein und daran glauben.

Die Zuversicht kann eine tiefe Kraftquelle sein. Wir tragen diese Energie alle in uns. Manchmal müssen wir einzig noch den Zugang zu ihr finden. Mit einer zuversichtlichen Lebenseinstellung, trotz momentan turbulenter Zeit, gehen wir gelassener durch den Alltag. Gelingt es dir, deiner inneren

Stärke auch in Krisenzeiten zu vertrauen und folgst du zuversichtlich deinem Herzen, fühlt sich das Leben leichter und freudiger an. Zuversicht ist mehr als nur Hoffnung. Man kann hoffen, dass alles gut wird oder zuversichtlich sein, dass alles gut wird. Die Zuversicht glaubt daran, dass alles gut wird. Daher gehen Glaube und Zuversicht Hand in Hand ihres Weges. Gerade in diesen Zeiten helfen uns die Zuversicht und der Glaube, einen positiven Blick in die Zukunft zu behalten. Wenn die Zuversicht fehlt, reicht es manchmal, die Perspektive einfach zu ändern, indem man versucht, den Fokus trotz Herausforderungen auf das Gute zu richten. Probiere es aus, falls dir im Moment gerade die Zuversicht fehlen sollte. Der Weg zur Zuversicht führt immer über dein Gefühl. Du kannst damit beginnen, dein Herz zu öffnen und zu hören, was es dir sagen möchte. Denn wenn das Herz merkt, dass du ihm zuhörst und folgst, bist du meistens auch zuversichtlich dem Leben gegenüber eingestellt und glaubst an das Unmögliche. Lebst du mit offenem Herzen in Dankbarkeit und Freude deinen Alltag, stellt sich eine zuversichtliche Lebenshaltung ganz von selbst ein. Auch dann, wenn du schwierige Hürden im Leben zu überwinden hast. Du weißt dann einfach: Am Ende wird alles gut. Und wenn es nicht gut wird, ist es noch nicht das Ende, ergänzte der irische Schriftsteller Oscar Wilde den Satz so treffend. Ein offenes Herz glaubt zuversichtlich, dass alles gut wird.

Beobachte, wenn du magst, wie zuversichtlich deine Lebenseinstellung ist!

Glaubst du an dich und dein Potenzial?

Oder stehst du dir manchmal selbst im Weg?

Die Kraft der Träume

Ein offenes Herz visualisiert und manifestiert seine Träume.

Martina Amato

Im Wort ‚Traum' ist das Wort ‚Raum' enthalten. Wenn wir träumen, geben wir einer anderen Dimension Raum. Ganz im Sinne von: Träume und es öffnen sich neue Räume. Sei dies am Tag oder in der Nacht. Der Träumer wird manchmal von anderen Menschen belächelt. Die Novellistin Marie von Ebner-Eschenbach sah dies anders:

Nenne dich nicht arm, wenn deine Träume nicht in Erfüllung gegangen sind; wirklich arm ist nur, der nie geträumt hat.

Und die amerikanische Menschenrechtsaktivistin Eleanor Roosevelt ebenfalls: Die Zukunft gehört denen, die an die Wahrhaftigkeit ihrer Träume glauben.
Wie so oft im Leben geht es auch bei den Träumen darum, eine Balance zu finden. Denn nur einfach vor sich hin zu träumen, kann auch dazu führen, dass man gedanklich stets irgendwo in der Zukunft weilt. Sich das Leben anders wünscht, als es sich gerade zeigt. Man verpasst dabei, einfach zu leben. Daher träume nicht dein Leben, sondern lebe deinen Traum. Was das bedeuten soll? Ganz einfach. Dass du es nicht beim Träumen belassen sollst. Sondern irgendwann aufwachen und deine Träume auch verwirklichen. Das kann bei kleinen Träumen und Visionen beginnen und bei ganz großen enden. Wenn du zum Beispiel von der Stadt Paris schwärmst und unbedingt einmal nach Paris reisen möchtest, dann sag nicht über Jahre hinweg: Irgendwann reise ich einmal nach Paris, das ist mein Traum. Beginne stattdessen, deinen Traum wahr werden zu lassen. Indem du vielleicht ein Wochenende aussuchst, oder Geld für deine Reise auf die Seite legst oder indem du dir einfach ein Reiseticket kaufst und eine Unterkunft buchst. So viele Träume sind realisierbar. Verpasse nicht den Zeitpunkt, deinen Traum Realität werden zu lassen. Dafür muss man irgendwann einmal damit anfangen, die Träume zu leben statt sie nur zu träumen.
Welchen Traum hast du? Welche Vision oder Idee, die du schon lange in dir trägst? Scheint der Traum zu groß zu sein? Dann bedenke: Die Realisierung jedes Traumes beginnt stets mit einem ersten Schritt. Es folgt ein zweiter und ein weiterer. Und auf einmal lebst du ihn: Deinen Traum. Deine Vision. Und falls es einmal nicht klappen sollte, suche dir einfach einen neuen Traum. Folge weiter deinem Herzen und lebe einfach deine Träume.

Lebst du deine Träume?

Welchen Traum hast du?
Welche Vision oder Idee, die du schon lange in dir trägst?

Was hält dich davon ab, sie zu leben und auszuprobieren?

Geduld

Mit Geduld kommst du übers Meer,
mit Bosheit nicht über den Bach.

Rumänisches Sprichwort

Das ist so eine Sache mit dieser Geduld! Da reißt einem manchmal einfach der Geduldsfaden. Geduld ist eine Tugend, die in unserer hektischen Zeit bisweilen auf der Strecke bleibt. Wir sind das Warten nicht mehr gewohnt. Doch Wartezeiten können durchaus ihren Sinn haben. Gerade in Zeiten des Wandels, des Umbruchs und der Unsicherheit ist Geduld besonders gefragt.

Geduld: eine wertvolle Eigenschaft. Geduldige Menschen strahlen Ruhe aus. Sie haben die Gabe, einfach zu warten. Auf den richtigen Zeitpunkt zum Beispiel. Und während geduldige Menschen achtsam warten, halten dies ungeduldige Macher kaum aus. Lieber wird gleich losgelegt. Auch hier darf man einmal mehr lernen, auf sein Herz zu hören. Wann ist einfach

Loslegen, wann vielmehr geduldiges Warten gefragt?
Marie von Ebner-Eschenbach drückte es so aus: „Wer Geduld sagt, sagt Mut, Ausdauer, Kraft." Es brauchen folglich auch die Geduldigen Mut zu warten. Und Ausdauer und Kraft, das Warten noch ein Weilchen auszuhalten.
Geduld will gelernt sein. Fange jetzt damit an, wenn dir danach ist. Gehe es geduldig in kleinen Schritten an. Gerade dann, wenn du von Natur aus eher ein ungeduldiger Mensch bist. Dazu meinte Konfuzius nämlich:
„Ist man in kleinen Dingen nicht geduldig, bringt man große Vorhaben zum Scheitern."
Daher höre auf dich. Gehe in deinem Tempo durchs Leben. Sei wach und achtsam dabei. Du wirst staunen, wie Geduld deinen Alltag wunderbar entschleunigen kann. Folge weiter geduldig deinem Herzen.

In welchen Situationen reagierst du geduldig/ungeduldig?

Wo möchtest du dich in Geduld noch üben?

Hingabe

Wenn du dich hingibst, dann deinem Herzen.

Martina Amato

Wenn du dem Herzen folgst, gibst du dich hin. Nämlich deinem Herzen. Was bedeutet Hingabe genau?

„Inmitten von Schwierigkeiten liegen günstige Gelegenheiten", hat Albert Einstein einmal gesagt. Günstige Gelegenheiten in herausfordernden Zeiten wie diesen erkennen zu können, bedingt meist zuerst ein Annehmen der Schwierigkeit. Für einige Menschen hat jedoch Annehmen und sich Hingeben etwas mit Verlieren oder Aufgeben zu tun oder damit, sich dem Leben nicht zu stellen.

Doch gerade in Zeiten des Umbruchs, in welchen du nicht weißt, wie es morgen weitergehen wird, kann Hingabe neue Türen öffnen. Es heißt nicht, dass du einfach passiv die Situation, in der du dich befindest, jetzt hinnimmst, ohne daran etwas zu ändern. Auch heißt es nicht, dass du aufhörst, Pläne zu machen oder zu handeln.

Hingabe bedeutet nichts anderes, als dich dem Fluss des Lebens anzuvertrauen, statt in Widerstand zu gehen. Indem du den jetzigen Moment so annimmst, wie er sich gerade zeigt, gibst du dich ihm hin. Damit lässt du den inneren Widerstand los.

Insbesondere in dieser Zeit der Krise gehen viele Menschen in Widerstand. Damit verneint man mental das, was gerade ist. Dies kann sich schwer und belastend anfühlen.

Besonders dann, wenn die Dinge offenbar schieflaufen, ist man es gewohnt zu urteilen, zu werten und sich zu beschweren. Es ist verständlich, dass man in Situationen, in welchen ein scheinbares Unglück eintrifft, ob nun eine Krankheit, ein finanzieller Notstand, eine Trennung eines geliebten Menschen oder ein Todesfall in der Familie, erst einmal in Widerstand geht. Denn solche Lebenssituationen können eine schwere Krise auslösen. Sie können aber auch eine Chance sein und zu innerem Wachstum führen, wenn man sich der Situation hingibt. Hingabe heißt aber nicht, dass man von seinen Gefühlen abgeschnitten sein soll. Wenn man beispielsweise unverhofft seine Stelle verliert und sich sagt: „Es ist jetzt halt so, ist mir doch alles sowieso egal.“ Denn in dieser Haltung könnte Widerstand versteckt sein in Form von Groll.

Eine erste Chance kann daher darin bestehen, in jedem Moment der Realität diese so hinzunehmen, wie sie sich gerade zeigt. Mag sie noch so herausfordernd sein. Und mit ihr auch die sich zeigenden Gefühle. Sei dies Angst, Trauer oder Verzweiflung. Beginne damit, gegenwärtig zu sein. Ohne zu werten. Beobachte einfach deine Gefühle und nimm sie liebevoll an. Das ist einfacher gesagt als getan, denkst du jetzt vielleicht? Mag sein. Gerade zu Beginn sträubt sich der Verstand oft noch gegen die Vorstellung, sich der schwierigen Lebenssituation einfach so hinzugeben. Du kannst jederzeit damit beginnen, die Haltung der Hingabe zu üben, wenn du magst. Nimm das, was sich in deinem Leben in diesem Moment zeigt, einfach an. Du wirst staunen, welcher Frieden sich im Loslassen von innerem Widerstand zeigen wird. Wenn du dich dem, was sich im Leben zeigt, hingibst, freut sich dein Herz. Es fühlt sich leicht und frei an, mögen die Umstände noch so herausfordernd sein.

Erinnerst du dich an einen Moment oder eine Lebenssituation, in der du dich hingegeben und Widerstände losgelassen hast?

Authentizität

Das offene Herz lebt authentisch sich selbst.

Martina Amato

Authentizität. Authentisch ich selbst zu sein, das habe ich von unseren Töchtern lernen dürfen. Denn jedes Mal, wenn ich es nicht war, haben sie mir dies gespiegelt und es unaufgefordert angesprochen. Auch vor anderen. Eine ziemlich unangenehme Sache! Kennst du das auch? Wenn du hinter deiner Maske entlarvt wirst? Einmal erklärte mir unsere Tochter, als sie noch klein war, mit einfachen Worten: „Weißt du, Mama, diese Frau lacht immer, aber sie lacht eigentlich nicht". Damals konnte ich sie noch nicht wirklich verstehen. Dann fügte sie hinzu: „Weißt du, ihr Mund lacht, ihre Augen und ihr Herz aber nicht." Wer kennt das nicht auch, wir setzen ein Lachen auf, obschon uns zum Weinen zumute ist. Oder man macht gute Miene zum bösen Spiel, wie es so schön heißt. Meist lernt schon das Kind, sich zu verstellen. Wenn es merkt, Weinen ist nicht angesagt. Es kommt nicht gut an. Oder Wut darf ich nicht zeigen, also unterdrücke ich sie. Und so lernt und beginnt der junge Mensch, sein Herz zu verschließen und eine Maske aufzusetzen. Er verliert dabei seine Authentizität.

Was heißt Authentizität überhaupt? Das Adjektiv „authentisch" bedeutet „echt" oder auch „glaubhaft". Es wird häufig verwendet, um etwas zu be-

schreiben, das hinsichtlich der Echtheit gesichert und daher zuverlässig ist. Sowohl Gegenstände als auch Menschen können authentisch sein. Der Begriff entstammt dem spätlateinischen „authenticus“ was so viel wie „zuverlässig“ oder dem griechischen „authentikòs“, das „echt“ bedeutet.
Bist du authentisch? Lebst du ein authentisches Leben? Im Laufe des Lebens passiert es dem Menschen schleichend, dass er sich selbst verliert. Auf einmal kommt der Tag, an dem man merkt, dass man ein Leben „im Schein statt im Sein“ führt. Es wird schwieriger, die Maske wieder abzulegen. Zu fest hat man sich mit dieser Rolle bzw. Maske identifiziert und dabei vergessen, wer man wirklich ist. Man kann die Maske glücklicherweise jederzeit wieder ablegen. Wirf die Etiketten weg. Hör auf, dich damit zu identifizieren. Du kannst jederzeit damit beginnen. Jedes Etikett ist nur eine kurze Erfahrung. Das bist nicht du selbst. Du bist das Bewusstsein, das diese Erfahrung macht. Du kannst im Denken, Reden, Fühlen oder Handeln authentisch sein oder eben nicht. Lebst du aus deinem Herzen heraus, bist du einfach authentisch. Also habe Mut, du selbst zu sein. Sei du selbst in deiner Einzigartigkeit.
Es braucht jeden von uns, so wie er ist, einzigartig unverwechselbar. Beginne heute damit, wieder dich selbst zu leben.

Wie authentisch bist du?

Weniger ist mehr

Das Leben ist einfach, aber wir bestehen darauf, es kompliziert zu machen.

Konfuzius

Gerade in der heutigen Leistungsgesellschaft ist das Leben für viele kompliziert geworden. Noch schneller, noch besser, noch günstiger, noch mehr. Immer mehr Menschen stoßen dabei an ihre Grenzen und fühlen sich durch den ständigen Optimierungswahn unter Druck gesetzt.

Manchmal ist eben weniger mehr. Weniger Termine - mehr Zeit. Weniger Kleider und Gegenstände - mehr Raum. Weniger sammeln - mehr sein. Früher sammelten die Menschen Briefmarken, heute sammeln sie Likes. Auch das kann anstrengend sein.

Weniger Likes - mehr Selbstanerkennung. Und gerade darum geht es im Grunde genommen: Was bin ich mir wirklich wert? Nehme ich mir im Alltag genügend Zeit für mich? Gebe ich meiner Kreativität Raum, damit sie sich zeigen und entfalten darf?

Bereits Sokrates brachte es mit einfachen Worten auf den Punkt:

„Wie viele Dinge es doch gibt, die ich nicht brauche."

Das haben die Minimalisten erkannt.
Nicht wenige erwidern jetzt: Ich kann halt nicht, weil... Ehrlicherweise ist oft eher dies der Fall: Ich will halt nicht, weil... Man könnte zwar, will aber nicht. Den Termin mit der Freundin absagen. Aus dem Verein austreten. Eine digitale Auszeit einlegen. Keine Weiterbildung machen. Keine neuen Kleider kaufen.
Die Entscheidung liegt stets bei dir selbst. Natürlich braucht es manchmal Überwindung, wenn man dem Herzen folgend den „Weniger-ist-mehr-Kurs" einschlagen möchte. Denn dann ist Loslassen gefragt: sich von Dingen trennen, um wieder leichter unterwegs sein zu dürfen. Inkaufnehmen ist gefragt: dass die Freundin enttäuscht ist, wenn man ihr absagt, weil man einfach Zeit für sich braucht. Und egal sein ist gefragt: sich nicht darum kümmern, was die anderen sagen, wenn ich jetzt keine Weiterbildung mache, mir eine digitale Auszeit gönne oder aus dem Verein austrete.
Selbstanerkennung bedingt auch, dass ich Selbstverantwortung übernehme. Verantwortung für meine Entscheidungen und mein Leben.
Was sagt dir dein Herz? Was möchtest du?
„Mache die Dinge so einfach wie möglich - aber nicht einfacher." sind Albert Einsteins Worte dazu.

Wo und wie möchtest du dein Leben vereinfachen, damit dein Herz leichter wird?

Die Kontrolle des Verstandes

Gegen die Sprache des Herzens ist der Verstand machtlos.

Volksweisheit

Der Verstand plant und denkt sich das Leben gerne aus. Wie es sein müsste oder kommen könnte. Er weilt irgendwo in der Zukunft oder in der Vergangenheit. Das Leben ist jedoch mehr eine Entdeckungsreise als etwas, das du dir ausdenken, entwerfen oder kontrollieren kannst. Das Leben lebt sich selbst. Beobachte den Verstand und übe dich darin, den Strom der Gedanken zu unterbrechen. Manchmal bist du dir deiner Gedanken vielleicht nicht einmal bewusst. Es denkt mit dir. Nutze den Verstand vielmehr als Instrument für bestimmte Aufgaben, als Werkzeug. Hast du die Aufgaben erledigt, schalte ihn wieder ab. Wenn du ihn beobachtest, wirst du gewahr, dass du nicht deine Gedanken bist. Auch wenn du nicht denkst: Du bist.

Kleine Übung

Falls du Lust hast, beobachte einmal für nur eine halbe Stunde deine Gedanken. Ohne zu werten. Was fällt dir auf?

Die Spontanität des Herzens

Unser spontanes Tun ist immer das beste.

Ralph Waldo Emerson

„Wenn man mir früh genug Bescheid sagt, kann ich auch spontan sein“, habe ich einmal gelesen und musste schmunzeln. Spontanität muss also sorgfältig geplant werden!
Während der Verstand die Kontrolle liebt, ist unser Herz spontan. Wenn du auf spontane Weise lebst, musst du das Leben nicht vorbereiten.

Pläne geben dem Verstand Sicherheit. Diese Sicherheit ist jedoch stets eine vermeintliche. Denn was ist schon sicher im Leben? Du kannst das Leben noch so planen bis ins Detail. Sei gewiss, es kommt anders als geplant. Manchmal noch viel besser, wenn du deinem Herzen folgst. Gelingt es dir im Alltag, dich nicht allzu fest zu verplanen, bekommt Spontanität wieder mehr Raum. Was heißt Spontanität genau? Der Begriff leitet sich aus dem spätlateinischen Begriff „spontaneus“ bzw. „spons“ ab, was übersetzt so viel wie „aus eigenem Willen oder Antrieb“ bedeutet. Spontanität ist eine Charaktereigenschaft, die jemanden unerwartet agieren lässt. Spontanität soll angeblich glücklich machen. Aus heiterem Himmel einfach mal etwas Ungeplantes tun zu können - ohne Grund, einfach so. Darin liegt nicht nur ein wesentlicher Schlüssel des Erfolgs, sondern auch das Geheimnis eines Stücks Lebensglück.

Was der Spontanität oft im Wege steht, sind die lieb gewonnenen Gewohnheiten und Alltagsroutinen. Diese gilt es loszulassen.

Lässt du Gewohnheiten oder einen bestimmten Plan los, kann Spontanität entstehen. Diese erlaubt dir, überraschende Dinge zu tun. Dabei kann der Verstand auch mal toben wie wild und dir einreden, weshalb du morgen nicht einfach ungeplant verreisen kannst. Das Herz meint dann nur: Wieso nicht? Wenn du dem Herzen folgst, bist du spontan. Wenn du spontan bist, folgst du dem Herzen. Du folgst einfach deinem nächsten Herzensimpuls, ohne lange zu überlegen. Ohne abzuwägen. Ohne Risiken abzuschätzen. Ohne Angst. Das Leben selbst ist das größte Risiko. Deshalb folge deinem Herzen und lebe einfach spontan.

Erinnerst du dich an Situationen, in denen du spontan warst?

Achte einmal darauf, wie deine Tage aussehen. Sind sie voll verplant?

Oder hast du Möglichkeiten, immer einmal wieder spontan aus dem Herzen etwas zu tun?

Gönnst du dir Inseln im Alltag, um einfach sein zu dürfen?

Auf dem Holzweg

Mancher Mensch muss erst mit
dem Kopf gegen einen Baum rennen, bevor er merkt,
dass er auf dem Holzweg ist.

Wilhelm Busch

Die Redewendung „Auf dem Holzweg sein" beschreibt ein nicht zielführendes Vorgehen und impliziert die Aufforderung, den Irrweg zu verlassen. Das Wort „Holzweg" steht für einen Weg, der in einem Wald angelegt wurde, um Holz zu beschaffen, und nicht der Verbindung zweier Orte dient. Heute wird dies auch als Rückweg bezeichnet. Heute spricht man eher von einer Krise als vom Holzweg. Eine Lebens-, eine Sinnkrise. Krisen gehören zum Leben. Sie können dich in ganz unterschiedlichen Lebensabschnitten treffen. Dabei konfrontieren sie dich mit deinen innersten Sorgen und Ängsten.

Welche Krisen hast du in deinem Leben schon erlebt und gemeistert?

Angst und Zweifel

Angst ist der Sand in der Maschinerie des Lebens.

Sprichwort

Befindest du dich auf dem Holzweg oder in einer Lebenskrise, verspürst du oft Angst und große Zweifel. Angst kann auch als die Abwesenheit von Liebe und Vertrauen beschrieben werden. Nicht selten werden die Menschen heute mit Angst manipuliert. Das offene Herz kennt jedoch keine Angst, es wird tun, wovon es weiß, dass es richtig ist. Es kann sein, dass du, obschon eigentlich auf dem Holzweg, in einem Zweckoptimismus verharrst und versuchst, deine Lebenssituation schönzureden. Dabei geht es auch um Angst. Angst, dich den Problemen, die sich in deinem Leben gerade zeigen, stellen zu müssen. Lieber möchtest du ihnen ausweichen. Das ist verständlich. Verurteile dich nicht deswegen. Sei liebevoll mit dir selbst und schau deine Ängste an, auch wenn es dich Überwindung kostet. Von der Angst kannst du sehr viel lernen. Unterdrücke sie nicht. Sprich mit ihr. Was will sie dir aufzeigen? Wo Angst ist, will noch mehr Vertrauen und Liebe erwachen.

Wovor hast du Angst?

Woran zweifelst du?

Der Norm entsprechen wollen

Was wir brauchen, sind Herzmenschen, denn wir haben gesehen, wohin uns die „Normalen“ gebracht haben.

Martina Amato

Manchmal haben wir den Drang, unbedingt der Norm entsprechen zu wollen. Ja nicht aus dem Rahmen fallen. Also nicht auffallen. Jeder hat schon sagen hören: „Das ist doch nicht normal.“ Doch was versteht man eigentlich unter „normal“? Man findet dazu folgende Beschreibung: der Norm entsprechend; vorschriftsmäßig, so (beschaffen, geartet), wie es sich die allgemeine Meinung als das Übliche, Richtige vorstellt.

Der Norm entsprechen zu wollen, kann durchweg auch krankhaft werden. Dazu findet man im Netz Folgendes:

Unter Normopathie wird eine Persönlichkeitsstörung des Menschen verstanden, die sich in einer zwanghaften Form von Anpassung an vermeintlich vorherrschende und normgerechte Verhaltensweisen und Regelwerke innerhalb von sozialen Beziehungen und Lebensräumen ausdrückt.

Und wo genau wird da die Grenze gezogen? Wann wird „der Norm entsprechen zu wollen“ auf einmal pathologisch? Leiden wir heute alle ein wenig unter „Normopathie“?

Verständlich. Man möchte dazugehören, als normal gelten und nicht unbedingt aus dem Rahmen fallen. Aber ist „normal“ zu sein, wirklich so erstrebenswert? Kann es nicht auch einengend sein? Anstrengend, insbesondere dann, wenn die Norm in keiner Weise mit deiner Herzensstimme übereinstimmt?

Der Kuchen muss unbedingt in die Springform passen. Was passiert, wenn er es nicht tut? Was, wenn du es nicht mehr tust?
Was, wenn du die Norm verlässt? Bist du dann „abNORMal"? Wird es dir gerade mulmig bei diesem Gedanken? Meldet sich womöglich eine verunsicherte Stimme mit: „Was denken wohl die anderen über mich, wenn ich das tue?" Oder entmutigt dich die gleiche Stimme mit: „Das geht doch nicht!"
Du hast aber diese „verrückte" Idee, der du gerne folgen möchtest. Beim Gedanken daran spürst du ein Kribbeln im Bauch und Freude in deinem Herzen. Gleichzeitig rebelliert der Verstand heftig mit: „Das darf ich doch nicht, das gehört sich nicht." Überhöre ihn. Probiere es trotzdem aus. Lass los. Auch wenn es dich zu Beginn etwas Überwindung kosten sollte. Unkonventionelle Wege sind nicht immer einfach zu gehen. Weil die „Norm" dies eben nicht macht. Es fühlt sich in deinem Herzen dennoch stimmig an. Dann los und viel Vergnügen! Einfach raus aus der Springform. Folgst du deinem Herzen, wirst du innerlich frei.

Kennst du das Gefühl, der Norm entsprechen zu wollen?

In welchen Situationen passiert dir das?

Wie fühlst du dich, wenn du mit deinem Tun oder deiner Meinung aus dem Rahmen fällst?

Wie fühlt es sich an, wenn du nicht der Norm, sondern deinem Herzen entsprichst?

Lebenskrise als Chance für Kurswechsel

Dein Herz führt dich besser durch eine Krise als dein Verstand.

Martina Amato

Es gibt viele Formen von Lebenskrisen: Identitätskrise, Sinnkrise, Krise nach dem Verlust einer geliebten Person, nach einer Trennung, berufliche Krisen, Krankheitskrise, Beziehungskrisen oder Glaubenskrisen. Um nur einige zu nennen. Du kannst angesichts einer Krise verzagen. Den Mut verlieren. Du kannst sie aber auch als Chance für einen Neubeginn nutzen. Wie du reagierst und wie du mit einer Krise umgehst, hängt von dir ab. Dein Umgang wiederum hängt immer auch von deinen Kindheitserlebnissen ab.

Wie wurdest du in der Kindheit geprägt? Wenn dir deine Eltern starkes Vertrauen mitgegeben haben und gezeigt haben, dass Krisen sich bewältigen lassen, dann lässt du dich als erwachsener Mensch durch diese nicht so leicht verunsichern. Eine Krise wird dich dann zwar bewegen, aber sie fordert auch dein Denken und Handeln heraus. Ob du in einer Krise verzweifelst und gar daran zerbrichst oder ob du trotz herausfordernder Lebenssituation positiv und mutig neue Wege gehst, hängt von deiner Resilienz ab. Deiner Widerstandsfähigkeit. Es gibt Menschen, welche trotz widrigster Umstände, schwerer Kindheit und schwierigen Schicksalsschlägen resilient - sprich widerstandfähig gegenüber Krisen - bleiben. Gerade in einer Krise ist Vertrauen wichtig. Vertraue deinem Herzen auch in schweren Zeiten. Es kann dich ganz liebevoll Schritt für Schritt aus der Krise führen. Oft bemerkst du erst rückblickend, dass die Krise sogar eine Chance und ein unglaubliches Geschenk war. Sie hat dein Leben zum Positiven verändert. Du bist an ihr gewachsen.

Eine Lebenskrise zu meistern, ist nicht immer und für jeden einfach. Es braucht Mut, Glauben, Vertrauen, Zuversicht und Hoffnung. Und manchmal fehlt einem sowohl Mut als auch die notwendige Zuversicht. Nicht selten werden in unserer Gesellschaft Ängste verdrängt und kompensiert. Der eine flüchtet sich ins Vergnügen, betreibt leeren Aktivismus. Der andere zieht sich zurück und isst im Übermaß Süßes oder konsumiert immer häufiger Alkohol, um sich zu beruhigen. Nicht selten entsteht mit der Zeit aus anfänglicher Flucht bald Sucht. Dein Herz führt dich besser durch Krisen als dein Verstand. Gerade in einer schwierigen Lebenssituation schürt der Verstand noch mehr Ängste. Während Zweifel schwächen, gibt Zuversicht Kraft. Das Herz möchte dich zur Lichtung am Ende eines dunklen Weges führen. Liebevoll, Schritt für Schritt. Manchmal bietet eine Krise eine große Chance zur Selbst-Entdeckung. Und manchmal müssen Dinge schieflaufen, damit sie wieder gut laufen können.

Überlege, welche Krise oder Herausforderung hat sich bei dir rückblickend als Chance oder Kurswechsel in deinem Leben gezeigt?

Auf dem Herzensweg

Wohin du auch gehst, geh mit deinem Herzen.

Konfuzius

So viele Menschen haben heute den Eindruck, nicht zu leben, sondern gelebt zu werden. Sie haben das Gefühl, kaum Einfluss auf ihr Leben zu haben und fühlen sich ferngesteuert. Das liegt daran, dass sie die Verbindung zu sich und ihrem Herzen verloren haben. Wenn das Herz die Führung wieder übernimmt, fängt deine Lebensreise an, Spaß zu machen. Lass das Herz wieder ans Steuer! Denn herzgesteuert wirst du leichter reisen. Gehst du den Weg deines Herzens, wird sich das in deinem Leben bald einmal im Innen wie im Außen widerspiegeln. Das Leben wird leicht, freudig und du fühlst dich im Fluss. Im Fluss des Lebens. Dinge, Menschen und Situationen werden dir einfach auf unerklärliche Weise zufallen.

Synchronizität

Mischt der Zufall die Karten, so verliert der Verstand das Spiel.

Deutsches Sprichwort

Synchronizität. Ein Wort, das immer mal wieder auftaucht. Nicht jeder kann mit diesem Begriff etwas anfangen. Von Synchronizität spricht man, wenn zwei oder mehrere Ereignisse gleichzeitig auftreten, die nicht in einer äußeren kausalen Beziehung (Ursache-Wirkung-Beziehung) stehen, die aber einen inneren Zusammenhang haben. Andere sprechen von Zufall. Etwas fällt dir einfach zu.

Du kennst das bestimmt auch: Da denkst du an eine Person und genau in diesem Moment klingelt das Telefon und sie ruft dich an. Oder jemand empfiehlt dir ein Buch, welches du gerade auf dem Nachttisch liegen hast und selbst liest. Wenn sich synchronistische Begebenheiten in deinem Alltag häufiger zeigen sollten, ist dies ein Zeichen dafür, dass du im Fluss des Lebens bist. Du folgst vertrauensvoll deinem Herzen. „Das kann doch jetzt nicht sein", meldet sich dein Verstand. Synchronizitäten passieren eben einfach. Der stets planende und kontrollbedürftige Verstand kann damit gehörig aus dem Konzept gebracht werden. Nicht aber das Herz. Es freut sich darüber und fühlt sich ermutigt, weiter seinen Weg zu gehen.

Mit der Zeit kann eine freudige Erwartung auf jede weiter auftretende Synchronizität entstehen. Du kannst sie nicht planen. Gehst du aber offen und achtsam dem Herzen folgend durchs Leben, wirst du sehen, dass irgendwo um die Ecke schon die nächste Synchronizität auf dich wartet. Ein Gefühl der Freude und Leichtigkeit kommt auf. Ohne dir lange den Kopf über etwas zerbrechen zu müssen, finden die Puzzleteile wie von selbst ihren Platz. Oft entsteht dabei spielerisch ein Bild, mit dem dein Verstand nie zuvor gerechnet hat.

Welche Synchronizitäten zeigen sich in
deinem Leben?

Erinnerst du dich an Situationen, in welchen du ganz erstaunt gedacht hast: „So ein „Zufall"?"

Freude

*Unternimmst du die Dinge aus dem
Herzen heraus, fühlst du einen Fluss von Freude durch
dich hindurchströmen.*

Rumi

Folgst du deinem Herzen, kommt Lebensfreude auf. Lebensfreude meint, was es sagt: Freude am Leben. Bedauerlicherweise folgen viele mühsam nur den Pflichten des Lebens und vergessen dabei die Freude. Mit einem offenen Herzen siehst du ringsherum Schönheit und fühlst die Freude aufkommen. Du freust dich an den kleinen Dingen des Lebens: An der Morgensonne, die dein Gesicht wärmt, dem Vogel, der im Garten zwitschert, am Lachen eines Kindes und dem blühenden Kirschbaum. Lebst du nicht im Herzen, bereitet dir auch kaum etwas Freude. Du kannst dich weder an großen noch an kleinen Dingen wirklich erfreuen. Einfach deshalb, weil ein verschlossenes Herz sie nicht einmal wahrnehmen kann. Ein offenes hingegen hüpft vor Freude!

Was bereitet dir und deinem Herzen Freude?

Flow

Hast du wahrhaft Ganzheit erlangt, fließt dir alles zu.

Laotse

Kennst du das Gefühl, wenn alles im Fluss ist? Wenn sich der Alltag unbeschwert anfühlt und dir die Dinge leicht von der Hand gehen? Wenn du vor Lebensenergie sprühst und die Welt umarmen könntest? Wenn sich die Arbeit irgendwie von selbst erledigt? Wenn dir das passiert, dann bist du im sogenannten FLOW.

Was bedeutet Flow genau? Flow beschreibt ein beglückend erlebtes Gefühl eines mentalen Zustandes völliger Vertiefung. Zeit- und Raumdimensionen können sich dabei auflösen, denn du tauchst voller Begeisterung ein und wirst quasi zu dem, was du gerade tust. Das Leben ist im Fluss. Du bist im Fluss.

Oft ist man im Alltag gedanklich entweder in der Vergangenheit oder bereits in der Zukunft. Meist, ohne sich dessen wirklich bewusst zu sein. Der Mensch grübelt über ein vergangenes Ereignis, das nur Energie raubt und doch nichts bringt. Oder er plant gedanklich schon wieder für morgen. Dabei verpasst er den so kostbaren Augenblick des jetzigen Momentes. Anders, wenn du im Flow bist. Im Flow-Zustand bist du ganz präsent im Hier und Jetzt. Du vergisst dich und gehst in deiner Tätigkeit, egal, was du gerade tust, förmlich auf.

Wenn du deinem Herzen statt deinem Verstand folgst, ist die Wahrscheinlichkeit, dass du immer wieder Flow-Momente erleben wirst, größer. Momente, in denen du sprudelst vor kreativen Ideen. Momente, in denen sich das Leben einfach stimmig und leicht anfühlt. Daher folge deinem Herzen und lebe einfach deinen Flow.

Wann kannst du in deinem Flow so richtig aufblühen?

Was lässt dich so richtig eintauchen in die Gegenwart, sodass du die Zeit vergisst?

Kreativität

Kreativität ist die Intelligenz, die Spaß hat.

Albert Einstein

Folgst du deinem Herzen, wirst du bald erkennen, wie du zum kreativen Ausdruck deiner Selbst wirst. Gerade in diesen Zeiten des Wandels sind wir besonders gefordert. Die einen zu Hause, andere bei der Arbeit. Die einen in der Familie, die anderen mit sich selbst. Die einen im Außen, die anderen im Innen. Jeder ist auf seine Art gefordert und gleichzeitig aufgefordert, kreativ zu werden.

Angst und Druck sind nicht wirklich förderlich. Vielmehr braucht es in Umbruchzeiten wie diesen Vertrauen und eben Kreativität. Kreativität ist die Kunst des Lebens. Bei vielen ist sie in den letzten Jahren in Vergessenheit geraten, zu kurz gekommen oder man hatte einfach keine Zeit dafür. Inzwischen konnten die meisten feststellen, dass niemand genau wissen kann, was morgen sein wird. Obschon der Verstand uns immer noch vorgaukeln möchte, es zu wissen. Denn er wünscht sich Sicherheit. Dabei handelt es sich, wie schon erwähnt, um eine vermeintliche Sicherheit, an der er sich festhalten möchte. Denn was ist schon sicher im Leben? Das Leben selbst ist das größte Risiko, das wir eingegangen sind.

Wir ahnen es bereits: Nichts wird mehr so sein wie vor der Corona-Zeit. Vieles in unseren Systemen, sei dies im Schulsystem, im Finanzsystem oder im Gesundheitssystem, wird sich nun unweigerlich verändern. Veränderung bedingt oft, dass wir Neues erschaffen und kreieren dürfen. Und genau deshalb ist jetzt Kreativität mehr denn je gefragt und angesagt.

Kreativität ist die Fähigkeit, etwas zu erschaffen, was neu oder originell und dabei nützlich oder brauchbar ist. Gewisse Systeme, die uns über viele Jahre hinweg gedient haben, werden in Zukunft nicht mehr funktionieren. Denn sie haben ausgedient. Daher braucht es jetzt kreative Menschen. Kreative Menschen sind schöpferisch und manifestieren durch ihre Schöpferkraft das Neue, das in die Welt kommen möchte.

In jedem schlummert ein unglaubliches Potenzial, das sich entfalten möchte. Jeder ist in seinem Innersten kreativ und Schöpfer. Daher werde zum Lebenskünstler. Die Kunst des Lebens besteht gerade in diesen Zeiten eindeutig darin, das Beste aus dem zu machen, was das Leben dir gerade bietet. Mag es noch so herausfordernd sein und dich Mut kosten, probiere es einfach aus. Es lohnt sich. Folgst du deinem Herzen, wird dein Leben automatisch kreativer. „Creare" stammt aus dem Lateinischen und bedeutet nichts weniger als „erschaffen". Auf dem Herzensweg erschaffst und kreierst du dein Leben, denn du wirst zum Schöpfer. Du schöpfst aus der Fülle.

In welchem Bereich deines Alltages wünschst du dir mehr Kreativität?

Wo lebst du deine Kreativität bereits aus?

Dein wahres Potenzial entfalten

Beginne mit dem Notwendigen, dann tue das Mögliche und plötzlich wirst Du das Unmögliche tun.

Franz von Assisi

Die Intelligenz deines Verstandes ist nicht in der Lage, dein Potenzial voll auszuschöpfen. Es ist die Intelligenz deines Herzens, die dich am weitesten bringt. Sie bringt dich zurück zu dir. Suchst du Klarheit, findest du sie immer in deinem Herzen. Während sich der Verstand mit Wiederholungen herumschlägt, schmunzelt das Herz nur. Ihm ist sonnenklar, dass du die Antwort auf alle Fragen bereits kennst. Das Herz hat keine Fragen, das Herz weiß einfach.

Als Kind wurden viele so geprägt, dass sie meistens machen mussten, was andere erwarteten. Ob Mutter, Vater, Familie, Lehrpersonen oder die Gesellschaft. Man hat sich im Laufe des Lebens dem Außen angepasst, statt sein inneres Potenzial zu leben. Gehörst du auch dazu? Vielleicht hast du deinen Beruf gewählt, nur weil dein Vater sich das gewünscht hat. Bist eine Beziehung mit einem Partner eingegangen, nur weil er oder sie in die Familie gepasst hat. Hast dich für einen Kleidungsstil entschieden, nur weil er in Mode war. Bist einem Verein beigetreten, nur um dazuzugehören. Oder in ein Haus gezogen, weil das zum guten Lebensstil gehört. Und hast dabei vergessen, was du willst, was du kannst und wohin du möchtest. Du kannst es jederzeit ändern. Beginne jetzt, wenn du magst. Zeig dich. Versteck dich nicht. Bleib dir selber treu und lebe deine Berufung. Das Leben ist zu kurz, um nicht das zu tun, was dir Spaß und Freude bereitet. Das Leben ist eine unglaubliche Reise. Der Weg nicht immer gerade. Wage auch einmal, Umwege zu gehen, vielleicht liegt gerade dort dein Glück. Fürchte dich nicht vor deinem unermesslichen Potenzial. Glaub an deine Träume und greif nach den Sternen. Traue dich, auf deinem Weg auch Fehler zu machen. Sie gehören dazu und lassen dich reifen. Gib nicht auf. Sei geduldig. Beginne, wie Franz von Assisi sagte, mit dem Notwendigen. Tue dann das Mögliche und glaube an das Unmögliche. Sei Schöpfer! Du wirst ehrfürchtig über dein in dir noch schlummerndes Potenzial staunen.

Welches Potenzial schlummert noch in dir, das sich schon lange zeigen möchte?

Weg in die Freiheit

Das Geschenk der Freiheit
wartet auf denjenigen, der seinem Herzen folgt.

Martina Amato

Wann hast du dich das letzte Mal so richtig frei gefühlt? Frei von Verpflichtungen, frei vom Gefühl, etwas tun oder jemand sein zu müssen? Einfach frei und leichten Herzens.

Insbesondere in dieser Zeit des Wandels fühlen sich viele Menschen noch eingeschränkter und „unfreier" als je zuvor. Wie ein Hamster im Hamsterrad. Das Rad dreht sich und man scheint darin gefangen zu sein. Angetrieben, endlos weiterzustrampeln. Der Schlüssel zur Freiheit liegt darin, einfach innezuhalten. Anzuhalten und auszusteigen. Weil wir gewohnt sind, ein Leben lang in diesem Rad zu laufen, fällt der Ausstieg nicht immer leicht. Was würde passieren, wenn ich einfach anhielte und aus dem Rad ausstiege?

Inzwischen wagen immer mehr Menschen diesen Schritt. Es braucht dazu oft Mut und Überwindung. „Was geschieht mit mir, wenn ich jetzt aussteige? Wenn ich auf mein Herz höre und nicht mehr mitmache? Kann ich das? Darf ich das?“, fragt der nach Sicherheit strebende Verstand.
Doch wer die Freiheit aufgibt, um Sicherheit zu gewinnen, wird am Ende beides verlieren, hat Benjamin Franklin einmal dazu gesagt. Daher höre auf dein Herz. Dabei ist nicht die Verbindung zu deiner Umgebung am wichtigsten. Am wichtigsten ist die Verbindung zu dir selbst. Diese Verbindung lässt dich aus dem Rad aussteigen. Diese Verbindung öffnet dir alle Richtungen. Sie ist das Tor zu deinem unermesslichen Schöpferpotenzial. Folgst du deinem Herzen und seinen Impulsen, wird sich das in deinem Leben bald einmal im Innen wie im Außen widerspiegeln. Du verlässt das Hamsterrad und tauchst wieder ein in den Fluss des Lebens. Und dein Mut wird reich beschenkt: mit Freiheit. Gehe ihn, deinen ureigenen Herzensweg und werde auch du innerlich frei.

Was macht dich frei?

Werde zum Leuchtturm

Wer zum Leuchtturm wird, stellt sein Licht nicht unter den Scheffel.

Martina Amato

Vielleicht denkst du manchmal: „Ach, was soll ich nur machen, das bringt ja sowieso nichts, wenn ich mich jetzt dafür einsetze." Vergiss nicht: Wo auch immer du wirkst, deine Stimme verändert die Welt. Es braucht jeden von uns, dort wo er gerade wirkt, für die Veränderung, die wir in der Welt sehen wollen. Daher wirke dort, wo dein Herz Freude verspürt. Ob im Großen oder Kleinen, spielt keine Rolle. Lebe deine Berufung. Entfache das Feuer in dir und werde zum Leuchtturm für andere. Jeder Mensch, der seinem Herzen folgt, ist ein Leuchtturm. Er ermutigt und unterstützt andere Menschen, ebenfalls in Liebe ihrem Herzensruf zu folgen. Innerer Friede kehrt ein. Du fühlst dich frei. Als Leuchtturm kannst du leuchten, anderen, die vielleicht noch im Dunkeln tappen, ein Licht sein auf ihrem Weg. Das Licht des Leuchtturms erleuchtet. Es erhellt und sorgt für Klarheit. Lebst du im Herzen, bist du klar und kennst den Weg. Daher werde zum Leuchtturm und schenke all jenen Mut und Vertrauen auf ihrem Weg zurück ins Herz. Stell dein Licht nicht unter den Scheffel. Auch wenn du es vielleicht jahrelang so gemacht hast. Leuchte hell, nach innen und außen. Sei authentisch du selbst. Stehe zu dir und du wirst Leuchtturm für andere. Dein Licht ermutigt andere, jetzt aufzubrechen, zu neuen Ufern, hinein in ihr eigenes Herz. Sie werden nicht deinen, doch ihren ureigenen Weg wiederfinden. Dank dir vielleicht! Mach dich auf, denn die Zeit ist reif.

Wer war in deinem Leben schon ein Leuchtturm für dich?

Wo warst du ein Leuchtturm für jemand anderen?

Schlusswort

Es muss von Herzen kommen, was auf Herzen wirken soll.

Johann Wolfgang von Goethe

Lieber Herzmensch, schön, dass du dir die Zeit genommen hast, dieses Buch zu lesen. Danke für dein Vertrauen. Ich hoffe, es hat dich inspiriert und ermutigt, immer wieder deinem Herzen zu folgen. Auch in schwierigen Zeiten. Möge jeder auf sein Herz hören und sein wahres Potenzial (wieder) entfalten dürfen. Stell dir nur vor, wie schön es auf dieser Welt dann wäre!

von Herzen
Martina

Die Autorin Martina Amato

wurde 1976 in der Schweiz geboren und verbrachte einige Jahre ihrer Kindheit in Italien. Als sie fünf Jahre alt war, zog die Familie zurück in die Schweiz, wo die Autorin als Wirtstochter und älteste von drei Geschwistern aufwuchs.

Im Anschluss an die Maturität und einem einjährigen Aufenthalt als Au-Pair in den USA studierte sie Rechtswissenschaften an der Universität Fribourg. Im Anschluss ging sie auf Reisen und arbeitete danach mehrere Jahre beratend. Sie bildete sich laufend in den Bereichen Sozialarbeit, Kommunikation und Pädagogik weiter und war über zehn Jahre hinweg im Kindes- und Erwachsenenschutz tätig.

Schon immer ist Martina Amato unkonventionelle Wege gegangen - dem Herz folgend. 2016 erlebte die Autorin eine schwere Krise, die ihr Leben von Grund auf veränderte. Zur Verarbeitung ihrer damaligen Lebenssituation begann sie zu schreiben und ihr erstes Buch „Schule EINFACH anders“ erschien Ende 2017. Seither setzt sie sich für Potenzialentfaltung sowie Lernfreude ein und ermutigt Menschen immer wieder, ihrem Herzen zu folgen.

Die Illustratorin Celine Geser

erhielt ihre künstlerische Ausbildung an der Kunstschule in Zürich. Danach arbeitete sie für diverse Graphikagenturen und als freischaffende Illustratorin. Nach längeren Reisen liess sie sich für fünf Jahre in Quito, Ecuador nieder und gründete das Modelabel Timbushka. Zurück in der Schweiz, machte sie sich mit dem Kinderbuch-Erfolg „Wo ist Céline?“ (Verlag Librio AG) einen Namen. Mit ihrer Illustrationen will Celine Geser die Herzen der Betrachtenden berühren und Guckfenster in Welten öffnen, an denen wir im Alltag vorübergehen: So inspiriert sie die Menschen mit ihren liebevollen, tiefgründigen und lebensbejahenden Bildern dazu, mit dem Herzen zu sehen und das Leben in seiner Schönheit und Tiefe zu feiern.

Außerdem im Einklang Verlag:

Jacobsweg – mein Spiegelbild des Lebens

Lucia Falk

EINKLANG

Lucia Falk
hat sich auf den Weg gemacht, auch wenn alles dagegen sprach.
Indem sie es tat, fand sie Antworten auf viele Fragen, liebevolle
Begegnungen und nicht zuletzt: sich selbst!